11 Worte nur –
Elfchen so bunt wie das Leben

Antje Steffen

Antje Steffen

11 Worte nur –
Elfchen so bunt wie das Leben

Lyrik

Impressum

Bibliografische Information der Deutschen Nationalbibliothek.
Die Deutsche Nationalbibliothek verzeichnet diese Publikation in der Deutschen
Nationalbibliografie; detaillierte bibliografische Daten sind im Internet über
http://dnb.dnb.de abrufbar.

Cover: Antje Steffen
Zeichnungen: Antje Steffen

Herstellung und Verlag: BoD – Books on Demand, Norderstedt

ISBN: 978-3-7448-4910-4

Gelb

die Krokusse

draußen im Garten

ich sehe Bienen fliegen

Frühlingsgruß

Stürmisch

der Wind

kommt in Böen

Bäume schaukeln vor – zurück

Regenschauer

Rot

die Brust

ansonsten eher braun

Vogel fliegt im Garten

Rotkehlchen

Glitzernd

die Tropfen

an den Pflanzen

die Sonne macht das

Regentropfenbild

Blau

das Wasser

glitzert im Sonnenlicht

Möwen kreisen am Himmel

Meeresrauschen

Laut

das Krähen

Hähne im Wettstreit

von morgens bis abends

Kikeriki

Trudelnd

die Samen

aus den Kiefernzapfen

sinken sie zur Erde

Wachstum

Hellbraun

der Kaffee

mit wenig Milch

und ganz ohne Zucker

Muntermacher

A.S.
25.08.
18

afrikanischer
Elefant

Goldbraun

der Tee

in der Tasse

ich trinke ihn süß

Seelenwärmer

Dunkel

die Wolken

ziehen am Himmel

sie bringen Regen mit

Sturmtag

Grau

der Himmel

an diesem Tag

was wird er bringen

Frühling?

Blau

die Kugel

ist aus Glas

steckt auf einem Stock

Gartendeko

Gelb

die Blüten

an der Zaubernuss

blüht schon im Februar

Farbklecks

Blau

die Blüte

wie ein Stern

im Garten wächst es

Blausternchen

Bunt

die Eier

hängen im Garten

bald ist es soweit

Ostern

Hüpfend

im Garten

sucht seinen Weg

von Ast zu Ast

Eichhörnchen

Klopfen

im Wald

an der Eiche

ich mache ein Foto

Schwarzspecht

Laut

das Gackern

Henne ist aufgeregt

hat ein Ei gelegt

Danke

Anstrengend

die Fahrt

gegen den Wind

muss eine Stufe höherstellen

E-Bike

Schnatternd

die Enten

auf der Alster

ich kann sie sehen

Erpel

Grün

die Blätter

von der Clivie

ob sie wieder blüht

später

Staubig

die Terrasse

vom vielen Blütenstaub

Besen wirbelt Staub auf

Heuschnupfenzeit

Piepsend

der Dompfaff

mit rotem Gefieder

sitzt auf der Pergola

Frühling

Aufgeregt

die Hühner

in der Voliere

sehen schon den Futtereimer

Körner

Wolkig

der Himmel

mit vielen Lücken

durch die scheint Sonne

Frühlingstag

Rot

der Mohn

wächst im Garten

Hummel fliegt zur Blüte

Nektar

Süß

die Erdbeere

auf dem Kuchen

mit einem Klecks Sahne

Sommergeschmack

Gefüllt

die Regale

mit vielen Büchern

alle erzählen sie Geschichten

Traumreisen

Träumend

der Blick

ohne zu sehen

geht in die Ferne

gedankenverloren

15.

Niedlich

die Küken

schlüpfen aus Eiern

zuerst noch ganz feucht

Piepslaute

Sonnig

der Tag

nach der Frostnacht

Eis auf der Pfütze

Wintergruß

Kahl

die Bäume

warten auf Frühling

junge Triebe kommen schon

Frühlingserwachen

Grün

der Zaun

um das Gehege

Hühner dürfen nicht raus

Stallpflicht

Sperrig

der Ast

Taube trägt ihn

ist für ihr Nest

Brutsaison

Schillernd

die Federn

von unserem Hahn

der Schwanz glänzt grün

Gockel

Aufmerksam

der Blick

von den Hähnen

sie bewachen die Hennen

Aufpasser

Trübe

die Gartenkugel

auf ihrem Stöckchen

ist mit Staub bedeckt

Frühjahrsputz

Struwwelig

das Fell

des kleinen Bären

er hängt am Regal

Spieluhr

Eingesponnen

der Schneemann

auf seinem Stiel

steckt in der Erde

Dekoration

Matschig

die Wege

nach dem Regen

Waldarbeiter waren auch da

Spurrillen

Braun

das Laub

aus dem Vorjahr

liegt auf den Beeten

Harke

Fröhlich

das Zwitschern

kündet vom Frühling

Bienen fliegen auch schon

Nachtfrost

Ausgedünnt

der Wald

von den Waldarbeitern

sie bekämpfen den Borkenkäfer

Fichtensterben

A.-S.

21.02.18

Schwarz

die Amsel

mit gelbem Schnabel

sie sucht nach Würmern

Revierkämpfe

Hellblau

die Blüte

von den Blumen

sie bilden einen Kreis

Frühjahrsblüher

Bunt

die Krokusse

schmücken den Rasen

locken Bienen und Hummeln

Nektar

Süß

der Duft

von den Erdbeeren

gibt sie bald wieder

Obsttorte

Moosig

der Rasen

Meise zupft daran

will ein Nest bauen

Nistkastenfüllung

Neblig

der Morgen

alles ist grau

die Vögel singen trotzdem

Morgenkonzert

Schnell

das Auto

wohin geht es

Mensch fahr bloß vorsichtig

Nebelbank

Bunt

die Tulpen

zum Strauß gebunden

stecken in der Vase

Frühling

Bunt

die Hornveilchen

in den Blumenkästen

ich habe sie gepflanzt

Farbtupfer

Dunkel

der Himmel

Wolken ziehen vorbei

was mögen sie bringen

Gewitterstimmung

Drückend

die Hitze

Luft zum Schneiden

Schweißperlen auf der Stirn

Abkühlung?

Bunt

die Kugeln

hängen am Baum

dazu noch die Lichter

Weihnachtsstimmung

Schlapp

die Blätter

Pflanze braucht Wasser

wann kommt der Regen

Sommerhitze

Grün

die Triebe

wachsen im Frühling

genau wie die Blumen

Jahreslauf

Alt

die Fotos

erzählen von früher

Farben sieht man nicht

Geschichte

Vergilbt

das Foto

zeigt junge Männer

wer ist wohl Opa

Rätselraten

Knackig

der Apfel

aus dem Garten

frisch vom Baum gepflückt

Erntezeit

Rosen

im Garten

blühen sehr üppig

Wind bringt ihren Duft

Sommertag

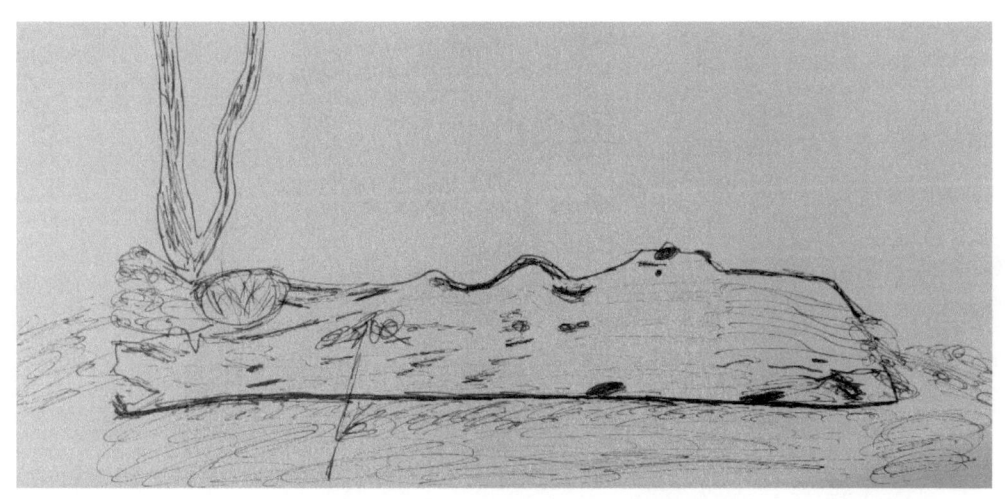

Kuschelig

die Decke

aus bunter Wolle

Quadrat für Quadrat gestrickt

Handarbeit

Süß

die Schokolade

mit ganzen Nüssen

es knackt beim Essen

Nervennahrung

Blumen

im Garten

in vielen Farben

wiegen sich im Wind

Natur

Akeleien

so viele

mit filigranen Blättern

sie wirken so märchenhaft

Feenkleider

Trommel

aus Afrika

geschnitzt aus Holz

mit den Händen geschlagen

Rhythmus

Laut

die Töne

von den Trommeln

gespielt in der Gruppe

Lebensfreude

Hase

mit Glöckchen

ist aus Schokolade

lege ihn ins Nest

Ostern

Plätschernd

der Bach

fließt im Wald

oft auch über Steine

beruhigend

Pokal

aus Glas

Postbote brachte ihn

dritter Platz beim Walken

Überraschung

Grau

der Himmel

an diesem Tag

der Frühling fängt an

Kälte

Schnatternd

die Gänse

fliegen in Formation

wohin geht die Reise

Vogelzug

Eisig

der Morgen

ist doch Frühling

wann kommt die Wärme

Frühlingsanfang

Aufmerksam

der Hahn

beschützt die Hennen

er beobachtet die Gegend

Hühnerschar

Laut

die Trommel

tönt im Raum

ich schlage den Rhythmus

abschalten

Spannend

die Geschichte

in meinem Buch

ich lese sie gern

Traumwelten

Bebend

das Trommelfell

vibriert beim Schlagen

der Bass klingt voll

Rhythmus

Rhythmisch

die Schläge

erfolgen im Takt

die Gruppe schlägt sie

Einklang

Voll

die Regale

so viele Bücher

ich lese so gern

Geschichten

Träumend

im Sessel

ins Lesen versunken

ich entdecke fremde Welten

Fantasie

Bittend

der Blick

„Ich möchte raus."

Huhn steht am Gatter

Stallpflicht

Segelnd

der Vogel

zieht seine Kreise

ich sehe ihm zu

Thermik

Reißend

der Fluss

nach der Schneeschmelze

nimmt alles mit sich

Baumstamm

Niedlich

die Figur

in der Vitrine

ein Teddy mit Brille

lesend

Hell

das Licht

Sonne scheint heute

bringt auch schon Wärme

Frühlingsahnung

Fisch

hängt dort

aus Ton geformt

als Haken für Handtücher

Kunsthandwerk

Dunkel

der Abend

Bäume als Silhouette

recken sich gen Himmel

kahl

Blattlos

die Bäume

warten auf Frühling

Knospen werden langsam dicker

hellgrün

Hell

die Lampe

beleuchtet das Buch

ich lese die Geschichte

Spannung

Pieksig

der Kaktus

auf der Fensterbank

braucht einen neuen Topf

Vorsicht

Sonnig

der Nachmittag

Vögel suchen Nistmaterial

wollen jetzt Nester bauen

Brutsaison

Laut

das Zwitschern

suche den Vogel

es ist ein Zaunkönig

Frühlingsgefühle

Summend

die Biene

fliegt im Garten

von Krokus zu Krokus

Sammlerin

Suchend

die Meise

kommt zum Futterhaus

holt sich ein Körnchen

Stärkung

Rot

der Himmel

Sonne geht unter

was für ein Schauspiel

Fotomotiv

Glucksend

der Bach

schlängelt sich vorbei

durch Wald und Wiese

Wasser

Bunt

die Eier

für den Osterstrauß

leuchten in allen Farben

Osterhase

Rot

das Auto

von der Feuerwehr

mit Blaulicht zum Einsatz

Hilfe

Laut

der Gesang

vom kleinen Zaunkönig

höre ihn im Wald

Winzling

Braun

der Umschlag

ein Buch darin

ich schicke es dir

Lesestoff

Trübe

die Stimmung

Sonne scheint doch

ich muss mich aufraffen

Elan

Voll

die Regale

Buch an Buch

nicht alle sind gelesen

Ablenkung

Pummelig

die Hummel

fliegt im Garten

kommt zu den Balkonkästen

Hornveilchen

Quirlig

die Hühner

in der Voliere

möchten so gern raus

verboten

Grün

die Triebe

an den Büschen

wachsen jetzt wieder los

Frühlingstag

Wolkenberge

am Himmel

sie bilden Figuren

was kannst du entdecken

Fantasie

Zerbrochen

der Blumentopf

vom Frost gesprengt

Vogeltränke hält er noch

Dompfaff

Grau

die Wolken

vor blauem Himmel

sie ziehen schnell vorbei

Schatten

Summend

die Bienen

kommen zum Sammeln

suchen nach den Blumen

Honig

Staubig

die Terrasse

vom Besen aufgewirbelt

die Pollen fliegen überall

Heuschnupfen

Knisternd

das Feuer

hinter der Scheibe

hell flackern die Flammen

Gemütlichkeit

Kuschelig

die Decke

so viele Farben

Quadrat an Quadrat genäht

Patchwork

Aufmerksam

die Amsel

sitzt im Garten

beobachtet die ganze Gegend

Nestschutz

Moos

im Schnabel

der kleinen Meise

fliegt damit zum Nistkasten

Nestbau

Kraniche

am Himmel

fliegen ins Brutgebiet

Rufe erklingen dabei laut

Vogelzug

Dämmerung

Abend kommt

Himmel wird dunkel

Mond und Sterne scheinen

Ruhe

Wälzer

tausend Seiten

Geschichte wird erzählt

von Elfen und Menschen

Zauberwelt

Zauberhaft

die Fee

im bunten Kleid

sie hat glitzernde Flügel

Magie

Träume

am Tag

mit offenen Augen

werden zu einer Geschichte

Erzähler

Musik

von CD

die alten Lieder

sie wecken Erinnerungen

Jugendjahre

Regentropfen

am Fenster

Wind pustet heute

Bäume wackeln durch ihn

Aprilwetter

Geschichten

im Buch

geschrieben mit Fantasie

ich lese sie gern

Gemütlichkeit

Sofa

und Decke

laden zum Verweilen

ich kuschle mich ein

Abendstimmung

Rhythmus

der Musik

auf Trommeln geschlagen

ich werde ganz ruhig

Entspannung

Gedanken

sie wandern

wohin führen sie

versuche sie zu ordnen

Ruhepause

Zart

die Blüten

von der Purpurpflaume

sie öffnen sich langsam

Frühlingshauch

Wolken

ziehen langsam

bilden dabei Figuren

ich sehe sie an

Fantasiegebilde

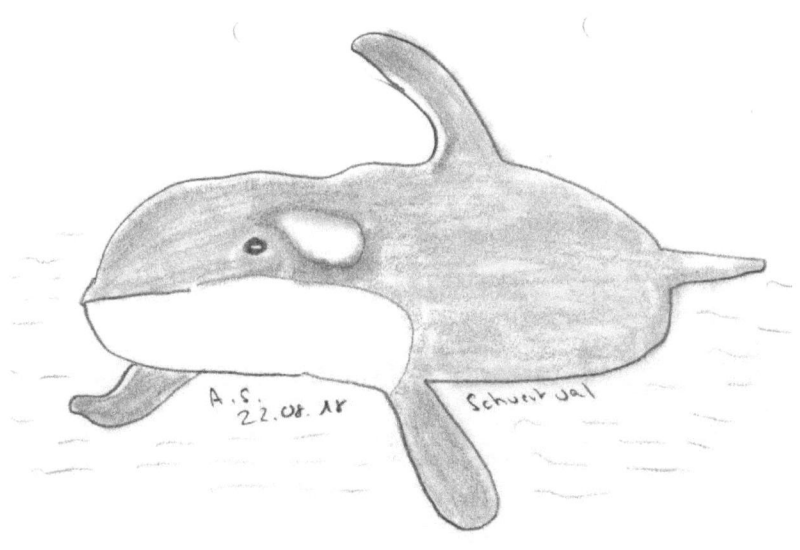

A.S.
22.08.18

Schwertwal

Gelb

die Blüten

an der Forsythie

Zweig in der Vase

Osterstrauß

Bunt

die Balkonkästen

mit Hornveilchen bepflanzt

eine Hummel kommt geflogen

Sammlerin

Nistkasten

am Baum

von Spatzen bezogen

sie wollen dort brüten

Kükenaufzucht

Warm

das Gras

gewärmt durch Sonne

ich kann es fühlen

Sommertag

Warm

die Sonne

scheint aufs Gras

ich rieche den Duft

Sommergeruch

Leise

die Bienen

summen im Garten

ich höre sie gern

Nektarsuche

Lachend

die Kinder

toben im Garten

ich höre ihr Rufen

Spielvergnügen

Hell

das Licht

scheint am Abend

Laterne spendet es uns

Gemütlichkeit

Blau

der Himmel

Wolken ziehen vorüber

ich erkenne ein Gesicht

Lachen

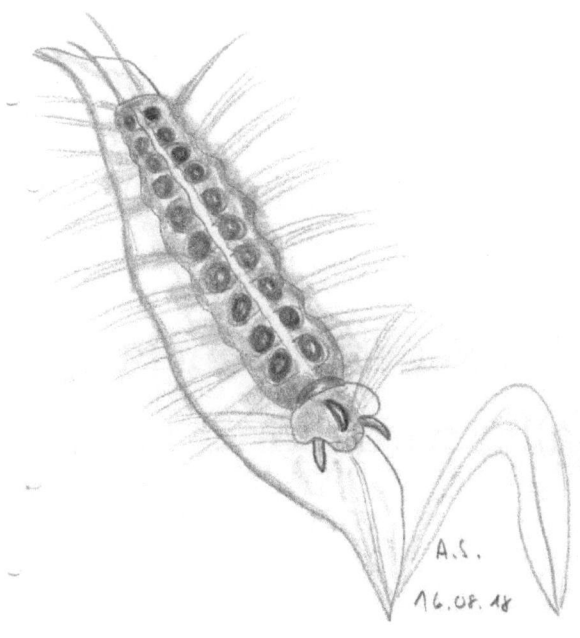

A.S.
16.08.18

Grau

der Tag

Nebel geht nicht

alles wird immer nasser

Wintertag?

Heiß

der Tee

wärmt die Seele

trinke ihn mit Sahne

Lecker!

Geburtstag

mit Kuchen

und vielen Kerzen

ich gratuliere dazu

Entspannen

Grau

der Himmel

Sonne nur selten

ich warte auf Regen

Frühlingstag

Dunkel

die Wolken

ziehen am Himmel

bringen sie uns Schnee

Wintertag

Geschichte

im Buch

erzählt von Magie

tauche in fremde Welten

Spannung

Lampe

verbreitet Licht

in der Dunkelheit

sie strahlt Gemütlichkeit aus

Abendstunde

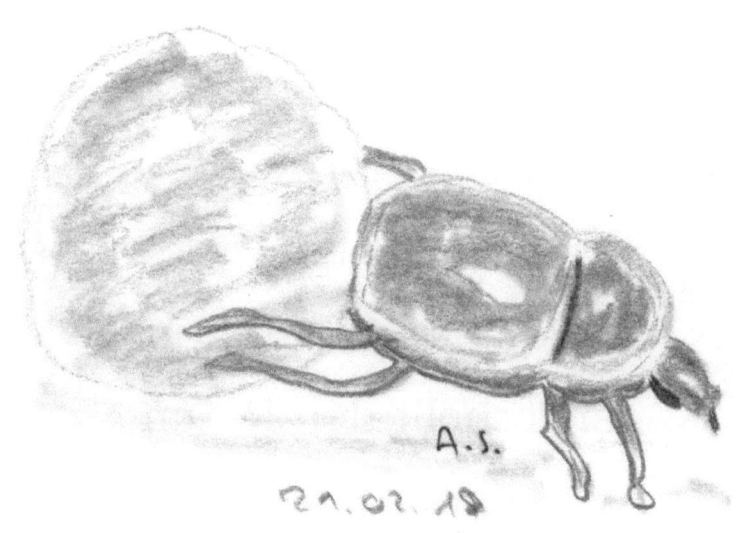

A.s.

21.02.18

Kerze

am Abend

flackert im Windhauch

sie erhellt den Raum

Gemütlichkeit

Morgenrot

der Himmel

leuchtet am Morgen

ich hol die Kamera

Postkartenmotiv

Blau

das Meer

sanft rollen Wellen

ich stehe am Strand

Gedankenflug

Blau

der Lavendel

sendet seinen Duft

Wind bewegt die Felder

Sommerträume

Eisig

der Wind

am frühen Morgen

fegt über die Felder

Winterahnung

A. S. 20. 08. 18
Strandkrabbe

Leise

die Hühner

gackern am Morgen

sie beginnen den Tag

Hahnenschrei

Laut

das Krähen

Hahn streckt sich

stolziert durch den Garten

Hühnerschar

Hier endet nun vorerst mein Ausflug ins Land der Elfchen. Ich hoffe, ihr hattet genauso viel Freude beim Lesen meiner Elfchen, wie ich sie beim Schreiben hatte.

Die Zeichnungen, die ihr in diesem Buch findet, stammen alle aus meiner Feder.

Elfchen und auch Zeichnungen sind urheberrechtlich geschützt und dürfen ohne meine Zustimmung nicht verwendet werden.

Vielleicht gibt es mal wieder einen Ausflug ins Elfchenland.

Antje Steffen

Über mich:

Ich wurde 1969 in Kiel geboren und schreibe schon seit meiner Jugend Geschichten und Gedichte. Meine ersten *Werke* existieren zwar noch, aber sie werden wohl nie an die Öffentlichkeit kommen.

Im Jahr 2006 entschloss ich mich, mein Schreiben durch ein Fernstudium bei der Schule des Schreibens auf ein solides Fundament zu stellen. Ich belegte einen dreijährigen Kurs, in dem es um Belletristik aber auch Kinder- und Jugendliteratur ging.

Schon während meines Fernstudiums veröffentlichte ich erste Geschichten und Gedichte. Danach ging es fleißig weiter und so sind inzwischen Beiträge von mir in über 100 Anthologien diverser Verlage erschienen.

Außerdem begann ich damit, Romane zu schreiben. Diese habe ich über BoD veröffentlicht. Inzwischen sind es bereits zehn Romane. Hinzu kommen noch Bücher mit meinen Haiku und Gedichten. Außerdem gibt es ein Buch über einen kleinen Weihnachtsschneemann und ein Buch mit Tierischen Fotogeschichten. Ein weiteres Buch beschäftigt sich mit dem Thema Meer.

Nun kommen meine Elfchen hinzu und bald wird es einen weiteren Roman geben.

Wer mehr über mich erfahren möchte, kann das auf meiner Webseite:

kunterbuntergeschichtenbasar.jimdofree.com

Hier ein Auszug meiner Veröffentlichungen:

„Momente des Lebens – Lebensmomente", BoD, hier gibt es inzwischen sieben Bände mit meinen Haiku

„Mit Haiku durch das Jahr", BoD, meine ersten Haiku im Buch

„Snowy, der Weihnachtsschneemann", BoD, zehn Geschichten um Snowy und seine Freunde

„Wovon träumst du, Anna?", BoD, Liebesroman

„Was machen deine Träume, Anna?", BoD, Fortsetzung zu „Wovon träumst du, Anna?"